AF488643

Teresa Wilms Montt

Inquietudes sentimentales

EDITORIAL
MAGO
15 AÑOS

861. Ch   Wilms Montt, Teresa
W.   Inquietudes sentimentales
          Santiago de Chile: Editorial MAGO, 2017
          58 pp.; 23 cm.
          ISBN: 978-956-317-380-2
          1. Poesía chilena

Primera edición Imprenta Mercatali: 1917
Primera edición Editorial MAGO: Septiembre 2017

Colección: Grandes escritores
Director literario: Máximo G. Sáez

Edita y distribuye: Editorial MAGO
Merced Nº 22 Ofic. 403, Santiago de Chile
Tel.: (56-2) 2664 5523
editorial@magoeditores.cl
www.magoeditores.cl

Registro de Propiedad Intelectual Nº 277.646
ISBN: 978-956-317-380-2
Foto portada: Memoria Chilena

Transcripción: Ruth Lazo Pastore
Diseño y diagramación: Catalina Silva Reyes
Lectura y revisión: Sasha Di Ventura Camacaro

Inquietudes sentimentales

Teresa Wilms Montt

Preliminar

Al ofrecer estas páginas al lector, no he pretendido hacer literatura. Ha sido mi única intención la de dar salida a mi espíritu, como quien da salida a un torrente largamente contenido que anega las vecindades necesarias para su esparcimiento.

Escribo como pudiera reír o llorar, y estas líneas encierran todo lo espontáneo y sincero de mi alma.

Allá van ellas, sin pedir benevolencias ni comentarios: van con la misma naturalidad que vuela el pájaro, como se despeña el arroyo, como germina la planta…

I

La luz de la lámpara, atenuada por la pantalla violeta, se desmaya sobre la mesa.

Los objetos toman un tinte sonambulesco de ensueño enfermizo; diríase que una mano tísica hubiera acariciado el ambiente, dejando en él su languidez aristocrática.

Una campana impiadosa repite la hora y me hace comprender que vivo, y me recuerda, también, que sufro.

Sufro un extraño mal que hiere narcotizando; mal de amores, de incomprendidas grandezas, de infinitos ideales.

Mal que me incita a vivir en otro corazón, para descansar de la ruda tarea de sentirme vivir dentro de mí misma.

Como los sedientos quieren el agua, así yo ansío que mi oído escuche una voz prometiéndome dulzuras arrobadoras; ansío que una manita infantil se pose sobre mis párpados cansados de velar y serene mi espíritu rebelde, aventurero.

Así desearía yo morir, como la luz de la lámpara sobre las cosas, esparcida en sombras suaves y temblorosas.

II

Paseaba por el camino somnoliento de un atardecer.

Los árboles otoñales, con sus brazos descarnados levantados al viento, tenían no sé qué gesto trágico de súplica; y las montañas, rojas de ira bajo el sol de ocaso, amenazan derrumbarse sobre el río manso como una mujer enferma.

¡Naturaleza!

Alma que yo siento dentro de mí y que no es mía. Yo te comprendo en tus enormes y secretas grandezas.

Como penetro en la belleza del astro rey, así observo, también, la tragedia sentimental de la yerbecita que quiere ser árbol y lucha con las patas del animal, con las ruedas del carro, con la indiferencia del hombre, y por último muere triturada en el hocico de un pollino.

Naturaleza, si eres tan benévola para el que nace grande, ¿por qué no lo eres también para el que nace miserable?

Nada me puedes esconder, Naturaleza; porque yo estoy en ti, como tú estás en mí: fundidas una en otra como el metal transformado en una sola pieza.

Eres mía. Natura, con todos los tesoros que encierran tus entrañas.

Mío, es el oro que brilla fascinando a los gnomos en el fondo de las minas; mía, la plata, que en complot contigo, prepara macabros planes para hacer que los hombres se destrocen; mío, es el brillante majestuoso en su sencillez; mía, tu sangre de lava que chorrea hirviente en los volcanes; mías, tus flores y tus lagos divinos; mías, tus montañas y valles; mía eres tú, Naturaleza, porque mis pies han echado raíces hasta traspasar el globo y te he extraído la savia.

Mías, son también tus miserias, míos, tus infinitos dolores de madre; mía, la cuna de Momo y la guarida de la Muerte…

He crecido nutrida de tu savia hasta sentir que mi cabeza se erguía altanera y miraba al infinito, como al hermano menor del pensamiento.

III

Un odoratísimo clavel se muere sangrando.

Es un corazón partido sobre un plato de Sévres.

Extraña sensación me causan sus pétalos diseminados; diríase labios prostituidos; frescas heridas de puñal.

Nada tengo, nada quiero; mi cabeza dolorida, enferma del extraño mal, se abandona sobre la mesa, pesada como *block* de mármol.

IV

Criaturas: si el dolor no fuera tan ilimitado como el infinito, yo habría roto sus límites.

Porque más allá de todo lo que la mente pueda imaginar, va mi alma inconsolable, encerrada en su mutismo de duelo.

Criaturas: las llamo, no con la voz que Dios ha dado al hombre para hablar a los que aman, las llamo con otra voz creada en el fondo de mi ser por la desolación inmensa de mi pena.

Vivo de vuestros recuerdos, criaturas; cubierto de lágrimas el corazón, lágrimas que fecundan mis bondades, como la lluvia a la tierra que da flores.

Criaturas: vuestros nombres son la llave de un tabernáculo sagrado ante el cual ofrendo mi alma en holocausto; son el secreto santo de mi vida, jamás lanzado a la profanación.

Si Dios existe, si no es farsa su justicia y su grandeza, él permitirá en el día de mi muerte que yo lleve sobre mis labios, redimidos por el inmenso dolor de haberlas perdido, la impresión dulcísima de vuestros castos besos; y en mi frente la frescura de vuestras manitas adoradas.

V

Racha de viento helado apagó la lámpara; temblaron las puertas, se abombaron las cortinas; y en el cielo cruzó el relámpago con ruido de torrente.

Con deleite aguardo a la hermana de mi espíritu que viene a desolar la tierra.

¡Tempestad! Pondré mi cabeza descubierta bajo la furia de tus rayos, y me entregaré maravillada al ritmo de tus truenos.

¡Tempestad! Quiero ahogar en tu furor la soberbia del mío.

VI

¡Espejo! ¿Por qué me reflejas joven? ¿Por qué esa burla arlequinesca? Tú ves cómo desfilan por mis ojos mis vejeces y cansancios; ves como mi alma atormentada sólo aspira a dormir soñando.

Espejo, tú eres mi hermano gemelo y conoces mejor que Dios mi vida.

Sabes qué claras purezas arrullaron mi juventud; sabes el entusiasmo de pájaro que tuve por todo lo bello; sabes mi trágica devoción a las leyendas de príncipes encantados… Sabes que una música melodiosa y un canto suave me hacían sollozar, y que una palabra de afecto me hacía esclava de otra alma, y sabes, también, que todo lo que soñé tuvo una realidad desgarradora.

He salido herida de la dura prueba, sangrando, porque he dejado tras de mi pedazos de mi ser.

Tú sabes, espejo irónico, que mi vida no es más que una larga agonía, con el raro cortejo de risas carnavalescas.

Acuérdate que el repiqueteo de campanillas, no sólo anuncia fiestas; tras de él suele venir también el carro de los leprosos.

VII

Dos senos de una blancura inquietante; dos ojos lúbricamente embriagados y una mano audaz de sensualidad, se han atravesado en mi camino. Una voz indefinible, como el hipo de un sollozo histérico, me ha dicho: Soy el erotismo; ¡Ven!

Y yo iba; iba siguiendo a esa bacante estrambótica, como sigue la hoja de acero al imán.

Iba empujada por el misterio… Mis labios se helaban, y tenía en la garganta una opresión de hierro.

Iba la mirada húmeda, los ojos claros como brillantes en alcohol…

Retorné, y mis labios estaban mustios, y mis ojos no veían, y mis manos enconadas contra ellas mismas, sólo querían destrozarse.

Y en el alma, como una marca de fuego, traía la más horrible decepción.

No estaba ahí; no llevaba esa bacante loca el remedio para mi mal de amor.

VIII

No tienes, alma, jardín. He pasado pálida de sufrimiento por entre tus flores, y ellas no tuvieron para mí una lágrima.

Continuaron erguidas, plenas de sol, flirteando con el aire; y las palmeras, en su actitud hierática, siguieron batiéndose como brazos lánguidos en momentos de amor.

El césped, donde rodaron mis desesperaciones, no perdió su calma de terciopelo.

No tienes, alma, jardín. Me has visto desmayar de dolor y tus pájaros entonaron el más alegre de sus gorjeos y unieron sus piquitos embriagados de pasión.

No tienes, alma, jardín…

IX

Los dioses revestidos de sus túnicas olímpicas, han venido a visitarme. Todos conservan su majestad, todos menos el Amor, que se entretiene en hacer piruetas a la luz de la lámpara y en amenazar con sus flechas a una japonesa de *papier mâché*, que marca una mancha oscura sobre el lecho.

El latido de las sombras es tan suave, como el aleteo de una mariposa ensoñada sobre la flor.

X

En la ciudad de los muertos había una quietud de mármol.

Las estatuas de las tumbas guardaban una calma sepulcral, recibiendo sobre sus espaldas el brillo de las estrellas como gotas de luz.

Nada turbaba el silencio.

Sobre el gancho de un ciprés, el ave negra de los funestos presagios, la cabeza bajo el ala, aguardaba el mensaje de los muertos a los vivos. Mis pasos lentos, resonaban en las tristes avenidas, como blasfemias ahogadas; pero mis manos estrechamente unidas en actitud de plegaria, parecían desprenderse de la tierra, como dos palomas enlazadas.

Caminaba, y en cada tumba lóbrega se detenía mi espíritu, espiando una señal de vida, un lamento, un sollozo…

Seguía la calma tétrica de hielo en el recinto de los que eternamente duermen, comido por la tierra el corazón.

Amanecía, y sólo restaba en el cielo, como un piadoso cirio, el lucero del alba.

Mi alma extática, plena de creencia, esperaba que rasgara el silencio la voz del sublime Maestro, y dijese: «Lázaro, levántate y anda».

XI

Las paredes destilan gotas de tinta roja, que resbalan hasta el tapiz, donde forman un charco escarlata.

Extrañas figuras de ojos estirados me tienden una flor rara de un sólo pétalo; esos ojos oblicuos con el cinismo desafiante de las cuentas pintadas, me fascinan, arrastrándome al mundo esotérico de las imaginaciones enfermizas.

Para evitar los delirios, he descorrido las cortinas, y las sombras que complotaban en mi contra, se han escurrido solapadamente, como azogue, por las rendijas.

El sol se despide de mis ventanas vaciando sus reflejos moribundos en los cristales, y colorando de amarillo mi balcón.

XII

Eran sus manitas como dos mariposas inquietas, como dos capullos recién abiertos a la brisa.

Era su boquita un cántaro de rubíes que, por capricho de la naturaleza, habían adquirido vida y sangraban.

Eran sus ojos, dos lagos bajo la serenidad de un plenilunio, donde se escondió todo el azul del éter.

Y era su frente, una placa de marfil en la cual el destino escribió, con lapislázuli, raras cifras incomprendidas.

Sus cabellos eran topacios diluidos, y al desparramarse en mis brazos fulguraban como hilos diamantinos de estrellas.

¡Qué linda era!

¡Qué linda y qué tierna!

Vino al mundo para hacerme sentir lo que era adoración, para hacer conocer a mi regazo la más dulce de las cargas, para despertar en mi corazón el más santo y bello de los ideales.

¡Y se fue…!

Se fue aquella realidad de un sueño.

¿Es posible, Dios mío, decir que los muertos están más solos que yo?

XIII

Como se aumentan las ondas del mar a medida que el viento sopla, así aumenta la intensidad de mi dolor cuando, la cabeza entre los brazos, me pongo a recordar.

Envidio aun a aquellos seres que no tienen pan, pero que poseen lo que toda la riqueza del mundo no me puede dar.

Alguien que los ame; que escuche con ternuras sus quejas a la vida, y comparta maravillado los raros momentos de felicidad.

En la soledad de mi alcoba jamás encuentro la prueba de que mi existencia sea grata a otro ser; no hay nada que me diga: «Descansa, que vives en otro corazón».

Si lloro, mis lágrimas se congelan. Ya saben ellas que nadie vendrá a enjugarlas. Si me desespero, yo sola me consuelo, imponiéndome tiránica voluntad.

Y así vivo; siempre inquieta, siempre sola, engañándome con ilusiones que no tengo, como los niños que juegan con su caballito de palo creyéndolo de verdad.

¿Qué le importa al mundo ver a un sonámbulo de dolor? No les toca el corazón. Más bien se entretienen en mirarlo, como a una curiosidad.

Sólo tienen alma aquellos seres que sufren; sólo ellos pueden comprender los sollozos de otro ser y estrechar, con honda compasión, la mano huérfana de caricias.

Son tan repetidas las noches en que, hundida la cabeza entre los brazos, me pongo a recordar...

XIV

Apareciste, Anuarí, cuando yo con mis ojos ciegos y las manos tendidas, te buscaba.

Apareciste, y hubo en mi alma un estallido de vida; se abrieron todas mis flores interiores y cantó el ave de los días festivos.

Y ahora eres mío, como es el agua que se escurre entre los dedos, como las sombras que huyendo se agigantan con el día; eres mío con la inquietud de que siempre te voy perdiendo.

Amo tus ojos que me rinden a tus plantas con languideces de atardecer. Los amo porque atraviesan mis pupilas, como la luz los cristales, y se recrean contemplando mi alma.

He visto en ellos la clave de mi ansia secreta, la fuente de mis delirios espirituales.

Anuarí, las brasas de tu mirar me han consagrado mujer.

En la quietud de la noche, y con las manos juntas, te hago entrega de mi alma.

XV

Amar quisiera y en un supremo esfuerzo, atravesar los espacios infinitos.

¡Amar y morir de amor!

Sufrir y doblarme hasta tocar la tierra, como el gajo quebrado de un árbol.

Vivir quisiera, y en ansia de poseerlo todo… morir quisiera.

XVI

Un andábata tétrico, mide las baldosas del suelo con paso agigantado.

Sobre su cuerpo rígido chocan flechas invisibles.

El ruido que hacen al quebrarse sobre el pavimento, semeja el doblar de una campana cascada.

Ese andábata funambulesco, es mi espíritu desasosegado.

XVII

«Morir, dormir, soñar acaso…»

Desgraciados de los seres que, como Hamlet, llevan la trágica duda en el espíritu.

Morir durmiendo…

Dormir muerta…

Soñar, sin darse cuenta que la vida se ha ido…

XVIII

El silencio ha estrangulado la noche, y yo estoy viviendo la verdadera vida.

¡Chut! La desdeñosa, envuelta en su intangible manto, atraviesa los espacios con cauteloso paso de gato maléfico.

Allá vas, ladrona de almas. Muerte traidora; yo te desafío… Vente a robar mi amor que duerme entregado a mí.

Lucha titánica sostendríamos; él es más fuerte que tú y te vencería.

Tú seguirás atravesando los espacios infinitos, pero con la decepción amarga de saber que hay algo que tienes que respetar, a pesar de tu imperial y absoluto poder.

Anuarí, mientras dormías y tu cuerpo tenía estatuaria quietud, yo he bebido el alma que me abandonabas confiado.

Te he sorbido por los labios, como la abeja la esencia de la flor.

Anuarí; tú solo, con tu belleza, con la luz que irradia bondadosa de todo tu mirar, alivias mi mal.

XIX

En la esquina de mi calle hay un buzón que nunca tiene asueto. Cada vez que me asomo a la ventana, mis ojos tropiezan con él y le envían una mirada amistosa y compasiva.

¡Pobre buzón! ¡Qué ridículo parece con su cabeza eternamente al aire, recibiendo los azotes y crudezas de las cuatro estaciones! Su boca desdentada, invariablemente abierta, espera que introduzcan por ella esos papeles que llaman cartas, y que llevan todas las pasiones y tempestades humanas.

¡Cuántas amarguras habrán en el corazón de un buzón; cuántas amarguras y cuánta experiencia!

Pero el pobre, rígido buzón, no puede decir nada. Quien lo creó tuvo buen cuidado de dejarlo mudo.

Y allí está clavado en la esquina, impertérrito, conservando su apariencia servil, siempre rojo bajo el sol y bajo la lluvia.

Buzón: Yo comprendo tu alma sabia y resignada, tu pobre alma aprisionada en un feo tarugo de metal.

Cuando te apenes, y sientas que esos ojos, que no tienes, se humedezcan, piensa en tus hermanos los balcones y los faroles, y en tus hermanas las chimeneas y las veletas, que como tú, están esclavizadas sin recibir jamás otra caricia que la del viento, ruda a veces, pero caricia al fin.

Buzón, tú tienes mi piedad y la de todo ser que, como yo, te ha encontrado un alma.

Todas las tardes, después de morir el sol, llegaré a ti, y te deslizaré una carta diciéndote muchas cosas tiernas que aliviarán la carga de tu vida.

Cuida que el cartero no robe tu secreto. Mira, buzón, que los hombres son muy malos y hacen risa del amor más puro.

XX

Llueve...

Las gotas de agua cantan en las canaletas del zinc.

La luz de mi lámpara se ha hecho más íntima; los retratos miran con aire confidencial y el ronron del gato tiene suavidades de violín con sordina.

Mi corazón espera. Le tengo engañado haciéndole creer que esta noche vendrá un ser querido.

¡Pobre corazón que aguarda ilusionado! ¿Acaso no es la vida un eterno esperar de algo que nunca llega?...

Llueve…

Hay en mi alcoba perfume de flores marchitas, olor a recuerdo, tristezas de amores idos.

Mi corazón espera…

Llueve…

XXI

A la hora crepuscular he ido a mirarme al estanque, y este ha devuelto mi imagen desde el fondo, con una quietud hierática de misterio.

Así debe reflejarse la imagen de la amada en las pupilas del amado muerto.

Quisiera no comprender nada, nacer de nuevo; que las diversas vidas del mundo penetrasen en mi espíritu, poco a poco, deleitándose al causarme sorpresas maravillosas.

El crepúsculo tiene la belleza de lo fugaz, que pasa llevándose girones de alma: idealismos puros, pensamientos truncos como obras de arte inconclusas.

Todos llevamos en el espíritu un crepúsculo y una aurora. Mi espíritu es más de la muerte, que de la vida; aspira más a dormir que a estar despierto; se inclina a la tierra donde encontrará su cama.

XXII

Frente a mi puerta pasó una sombra negra con los ojos cerrados y el dedo en los labios.

Desapareció en el recodo del camino.

Cuando retorné a mi alcoba, vi que las perlas de mi collar habían muerto, y que los espejos estaban velados…

XXIII

La alcoba está quieta.

Él duerme.

Mi alma y el alma de las cosas están suspensas cuidando su sueño.

Sobre la tibia cama, confundiéndose con el raso del plumón, su cuerpo transparente se halla tendido.

Dos pétalos de una gigantesca violeta son sus párpados; y su cabello, en la albura de la almohada, finge un corazón de terciopelo azul.

¡Amor, gloria, felicidad…!

Venís a estrellaros sobre esa figura inmóvil como la luz sobre el prisma y humildemente os fundís en luces de colores magníficos, decorando su imagen con una vestidura de dios.

Anuarí, bello espíritu de bondad. Todo sigue quieto: el tiempo ha retenido su resuello para no despertar al ensueño, que se ha dormido en mi alcoba; y yo, extática, he sujetado mi corazón herido, mi corazón enfermo de un extraño mal.

XXIV

El viento remolinea las hojas secas en la esquina de las aceras.

El viejecito del barrio, vestido en guiñapos innobles, irónico disfraz de la miseria, jorobado por el peso del saco que maltrata sus enclenques hombros, mira con codicia las basuras del tacho que ha quedado olvidado a la puerta de una casa.

En este momento toda la aspiración de ese viejo es apoderarse de la asquerosa roña que contiene ese tarro. Y ese ser tiene dos pies y anda con la frente alta como los que tienen alma.

¡Maldita miseria destructora que arrastras más seres que la muerte!

¡Cuántos hombres hay que careciendo hasta de un jergón para dormir, van a descansar bajo los puentes del río, y por todo abrigo tienen el fango!

¡Qué sarcasmo! Y arriba, en el cielo, hay una blanca sábana que cubre a espíritus alados que no han sufrido, que no saben qué horrible clave encierra la palabra vivir.

Y los hombres que son felices, porque la suerte impía los ha mimado, se embarcan en el bajel de la indiferencia, pletóricos de vida, remando en un mar de sangre, de la sangre de sus semejantes.

No soy feliz ni podría serlo; porque, entonces, no sería hermana de los miserables; porque no tendría el alma ilimitada de indulgencia.

XXV

En la cuna de mis brazos, tibios aún de la vida de Ella, «la chiquita», se cobija ahora la helada forma de la separación.

El surco ardiente que dejó su cabecita en mi hombro, sirve de pozo para mis lágrimas, que tienen inagotable ansia de brotar.

Y esos zapatitos, reliquia tiernísima, que guardan la forma de sus pies de flor, son el cofre de mis besos, y ellos ¡ay! no tienen alma para devolver mis caricias.

Los vestidos que de ella guardo, son piadosos porque cuando los tiendo sobre la cama, me ayudan a evocar su cuerpito adorado.

Y el mechón de sus cabellos, que como un rayo de sol olvidado llevo colgando prisionero a mi cuello, me da la sensación de su tibieza de armiño.

¡Cuántas noches me ha sorprendido el alba estrechando entre mis brazos esos restos de una felicidad perdida!

¡Criatura!... ¡Criaturas! ¿En qué horrible desolación he quedado; en qué frío de páramo vive mi corazón?

XXVI

Por las calles de amanecer, va Pierrot enloquecido.

El traje blanco, inmaculado, de que le revistiera la leyenda, es ahora un harapo sucio y ensangrentado.

Las mangas fantásticas, que le daban apariencia de tener alas cuando invocaba a la luna, siguen ahora su paso vacilante como dos girones, enredándose en las piedras y espinas del camino.

Pierrot ha perdido su ideal; Pierrot sabe que su amor no está en la luna, y vagabundea, los ojos desolados, reteniendo en su pecho un aullido de dolor.

Esos pobres labios que bebieron la delicia en otros labios de rosa, llevan hoy la enigmática demostración de una úlcera envenenada.

Pierrot, inconscientemente, ha llegado al campo; sus pies fatigados no pueden seguirlo y cae como un vestido sin cuerpo, a la orilla de un charco donde ríe la luna.

XXVII

¡Una… dos… tres! Ya murió la hora en brazos del Tiempo.

Hubo en los campanarios un estremecimiento, y el grito de una sirena rasgó el silencio.

Anuarí, mi espíritu benéfico, desde el pabellón donde está incrustado, baja su mirada sobre mí.

Hay en mi alma una beatitud plácida de ensueño.

¡Si fuera así, tan suave, el morir!

Anuarí, dame tus intenciones puras; dame las balsámicas caricias de tu hermosura intangible y la belleza de tu espíritu mago; dame el beso de tu boca materializada en inmenso rasgo de ternura.

Anuarí, mi mejor canto y la más blanca de mis alabanzas serán para ti; no habrá jamás una sombra en mi corazón si te quedas en él.

Otra hora que se muere ha hecho sollozar a la noche. Para mí no existe el tiempo ni la muerte cuando estoy bajo el amor de tus ojos, Anuarí.

XXVIII

Penetré con recogimiento, al templo abandonado.

El sueño del Tiempo había puesto en las paredes y en los arcos ojivales su rigidez cadavérica.

Los altares ostentaban sus bordados de oro viejo enverdecido, y sus bronces opacos, cubiertos de polvillo gris, tenían la fatídica impresión de lo que olvida la vida.

Las estatuas de los santos se habían dormido de éxtasis, envueltas en los pliegues de sus marfilinas túnicas; y los dedos de sus marmóreas manos quedaron señalando el sitio donde desaparecieron sus sagradas quimeras.

Estaba mudo el órgano, mudo hacía un siglo; y el nácar de sus teclas guardaba piadoso la huella de la última alma que fue a contarle cosas divinas del sentimiento.

Estaban marchitas las pinturas de querubes, que creó un pincel genial; y en la bóveda sinople quedaron muertos de misticismo los ecos de las preces de los que allí acudieron a rogar a Dios.

El alabastro de la pila bautismal había perdido su inmaculada blancura, y el misal quedó como aguardando en el atril.

Inclinada sobre los campanarios la augusta calma falleció de tedio.

Me acerqué al órgano y, al modular un acorde, hubo en su interior un ruido extraño.

Espantada, quise huir, cuando una bandada de murciélagos, despavoridos, cayeron a mis pies, mientras otros, emprendiendo vuelo circular, desaparecieron en el techo.

XXIX

Descorro la cortina del pasado y recuerdo…

Está enferma; está con fiebre y delira.

Su manito ardiente, abandonada sobre la mía, tiene la dulce confianza de un pájaro en su nido.

El cuerpecito dolorido sufre los temblores de una hoja al viento.

Nada quiere. Sus ojos azules, como dos milagros del cielo, miran lejos olvidados del mundo exterior; están tal vez en el lecho de los zafiros, lugar donde nacieron.

He desparramado sobre su camita, todas mis ternuras, que la han cubierto con una tibieza de sollozo.

Ahora me mira, y su mirada de ensueño tiene la claridad celeste de la emoción.

Esos ojos poderosos elevan mi alma, desde el fondo de su amargura a la superficie de la vida; de la vida que no quiero, de la vida que desprecio.

«Aquí estoy, me dicen; vive para mí».

No escuché esa sublime exhortación, y perdí para siempre esos ojos que suavizaban mi alma, como el vendaje amortigua el ardor de la llaga.

Pasa la vida, mi vida trunca de fantoche pordiosero de amor; y ella, la criatura divina, arrancada de mis brazos por la garra feroz del destino, ignora mi dolor.

Ella también sufre sin saberlo, porque el duelo hace del más grande amor una sombra invisible y helada en su corazón.

Dos palabras, las más enormes que ha creado el lenguaje, podrían unirnos; pero nadie las pronunciará porque la indiferencia ha enmudecido los corazones. Ella y yo, separadas por el mundo y unidas por el sublime amor del alma, moriremos aguardando piedad.

XXX

Como rostros cubiertos de velos, pasan por entre las nubes las estrellas, y la luna menguante se baña en el río.

Extraño concierto de voces anima el paisaje.

El cantar de grillos y sapos, y el aullido plañidero de los perros, se juntan, y de un sólo impulso van a morir en los espacios argentados.

Las lanchas cruzan los canales en dulce balanceo de gaviota, sumergiendo las alas de sus remos en la cinta movediza del agua gris.

Las notas de un violín caen como pétalos de lirios sobre el río y se embarcan con rumbo desconocido. Desde muy lejos llegan en grupos blancos los peregrinos del aire a contarse sus aventuras de amor, cobijados bajo las destrenzadas cabelleras de los sauces desolados.

Anuarí ha venido a recostarse en el fondo de mi barquilla, y su mirar me paraliza; clava una aguja entre mis cejas y me estruja el cerebro.

Emocionada de arte y de idealismo, entrego mi cabeza al espíritu de mis sueños, al maravilloso Anuarí.

XXXI

Los sombreros me causan la sensación de cabezas cortadas y momificadas, y aquellos de los cuales cuelgan bridas de colores, se me antojan cabezas arrancadas por mano brutal, donde ha quedado adherida una vena sanguinolenta.

Nunca puedo ver un par de guantes sin imaginar que son piel de manos disecadas; y, en aquellos de color amarillo, encuentro algo repugnante de lo que empieza a podrirse.

Detesto las prendas de vestir olvidadas sobre la cama; hay entre ellas y los muertos mucha analogía.

Vi una vez, en un asilo, a una loca muerta; y era lo mismo que ver a un trapo violáceo tirado dentro del ataúd.

XXXII

El gigante del crepúsculo va inclinándose hacia la tierra, con el recogimiento de los fieles ante la figura del Cristo.

Sus pupilas, fijas, escrutadoras, relampaguean en las arenas que bordean el rio y dejan un mirar sombrío en las copas de los árboles, en los tejados de las casas.

La ciudad atenúa sus ruidos; todo va camino al reposo. Los hombres cabizbajos, silenciosos, se arrastran como sombras, llevando sobre sus cabezas el peso agónico del titán que muere.

Recostada en el balcón, me bebo la primera luz de las estrellas, y pienso en las infinitas tristezas que tendrá un corazón sin amor, y en la desgarradora inquietud de un corazón que vive para amar!...

¿Existe, acaso, el amor, o es sólo una ansia de reflejarse en otro ser para mejor amarse a sí mismo?

El amor es la primera fuerza en embrión que rompe la soledad caótica del espíritu; es lo que indica el rumbo, la energía y el nervio del vivir.

Pero, ¿existe el amor?

¿Qué es, entonces, esa avalancha extraña que invade mi ser causándole tanto mal y tanto bien?

Anuarí, dime: ¿qué sensación es esa que experimenta mi alma cuando tus ojos la cobijan con su suave mirar?

¿Qué es eso que, como alas, se desplega para encontrarse con aquello que irradia de ti?

¿Dónde se ha ido mi materia? ¿Por qué toda ella se diluye ante mis ojos que se agrandan en sus ansias, para clavarte en mi memoria, como se incrusta la flecha en el tronco de un árbol vetusto?

Anuarí. ¿Es ese, acaso, el amor?

Si lo es, entonces, deben amarse mucho las estrellas; las estrellas que se envían mutuamente el destello de sus luces, como tus ojos y los míos cuando se encuentran.

XXXIII

Anuarí, no he visto hoy tu espiritual belleza y estoy sedienta de ella.

Eres el manantial más puro de amor y de arte, donde yo sacio mi sed de idealismos.

Cuando me infiltras tu luz, siento en mí la primavera con todas sus músicas de suspiros y su brotar de flores.

Anuarí, cuando me dejas, sólo tengo energías para escarbar la tierra, ávida de encontrar mi fosa.

Si fuera posible dormirse sintiendo alrededor el aleteo de la vida como un ensueño…

Si el alma pudiera zafarse de los corpóreos lazos y vivir en el aire como los átomos, volviendo al mundo sólo en los momentos de dicha…

¿Será soñar el morir, o será la muerte un sueño que hiela de espanto?

¿Verdad que nosotros no tenemos alma y que sólo hay en el Universo un alma enorme, y que es toda del que la siente, y es muda para el que la ignora?

Sí, Anuarí; esa alma, cuando la buscamos, viene a nosotros y se nos da, ahogándonos en una profunda noria de misterios, de sensaciones inmensas.

Esa alma me la has traído tú, como un presente riquísimo en los brazos del amor.

Anuarí, ¿por qué no me has dado la tibieza de tu mirada; por qué me dejas sola en las garras sangrientas del hastío?

XXXIV

Caen mis cabellos, y las primeras tristezas de ocaso ensombrecen mis ojeras.

Las desdichas de la vida han puesto sobre mi frente su sello fatal.

No es ya mi boca, la que alegre reía; hoy finge reír y su mueca miserable parece presagio de horror.

Nada tengo; ¡nada…!

Pobre resto náufrago, pobre harapo de seda que fue brillante; pobre luz que parpadea como el agonizante.

Como las bailarinas viejas arrastran en sus casas los restos de sus esplendorosos vestidos de escena, así arrastro yo mi vida, insolente en su ridículo fastuo de irónicas risas, de afiebradas alegrías, de envenenados triunfos.

Y vivo, porque es cobardía morir; y oculto mis llantos porque el siglo no comprende esos sentimentalismos histéricos.

Y así dicen que la leyenda del Payaso sólo existe en la imaginación.

Cuando oigo eso, entonces sí que río como se podría reír el muerto en el fondo de la tierra: el muerto a quien le aseguran que está vivo.

XXXV

El fauno antófago enamorado de las blancas castidades del bosque, encantado de vivir, corre de aquí allá, saltando entre las peñas del arroyuelo, fingiendo reírse de los árboles, mirando de soslayo al sol.

Sus traviesas patas de cabro escarban la tierra hollando las malezas, mientras sus manos inquietas arrancan flores al pasar.

Sobre todas las cosas el fauno prefiere los pétalos de rosa, que roba a las ninfas dormidas.

Cuando se los sustrae, desaparece asustado creyéndose perseguido por legiones de dioses enojados; y sus patitas salvajes marcan en el camino un ritmo alegre, que armoniza con los ruidos del bosque.

El fauno es goloso y espía, oculto entre la yerba, el trabajo del sol que madura las frutas.

Cuando hay una, rosada como el arrebol, se acerca cautelosamente a ella, escondiendo entre los hombros su cabecita cornuda, estira la mano tímida y mira a todos lados, para evitar sorpresas; coge la fruta y va a comérsele en la espesura del bosque. Con sensualidad encaja los dientes felinos en la aterciopelada carne, deleitándose en ver correr por sus brazos el jugo de la fruta, como seda diluida.

El faunillo travieso es el terror de las ninfas jóvenes y la única esperanza de las que están ya viejas.

XXXVI

Rompe su armonía pálida la luna en los pilares del largo corredor.

La sombra de mi cuerpo corre a mi lado y lleva mi inquietud.

Ambas buscamos el refugio de unos brazos; y en la soledad inmensa, ambas enfermas de amor, escrutamos la noche en espera del amado.

Las rosas blancas caen en la verja formando tálamos nupciales; los lirios de la pradera me ofrecen un lecho inmaculado.

Hay en el ambiente una inquietud erótica, y en todo el jardín un deseo cálido de posesión.

Los pájaros nostálgicos gimen por la ausencia de los amores muertos, mientras la fuente cristalina entrega al viento su canto de pasión.

Grito y me asusta el eco de mi voz; es un eco que viene del fondo de mí misma; un eco torturado espasmódico: el eco dolorido de un ser que nunca ha logrado saciar la sed de amor que lo devora.

He gritado, como aúlla la fiera, a las montañas, en una explosión de sentimentalismo que ella misma no comprende.

Anuarí, ¿dónde estás?

¿No oyes la oración fervorosa que te dirige mi alma, al borde de su propio abismo?

Tú, que eres el genio del bien, ¿por qué no dulcificas mi dolor?

Los lirios nos aguardan, recostadas una en otra las satinadas cabecitas, y la noche espera tu llegada para correr los tules diamantinos de su inmenso pabellón.

Anuarí, la naturaleza eleva al infinito un himno magistral de amor.

XXXVII

Nada. Cansada de correr por los espacios y de penetrar en los subterráneos del mundo, en un afán de olvidarme de mí misma, termino en mi propio corazón.

Olvidarse a sí misma como se olvida el loco de su vida actual, dedicando la mente a lo que se ha ido.

¿Cómo arrancar la pena del alma? ¿Cómo borrar el pasado?

¿Dónde encontrar la dulzura, si su fuente se ha secado para mí?

¿Dónde encontrar la felicidad, si me está vedado pasar las puertas de su jardín?

¿Dónde encontrar la calma, si la muerte no se acuerda de mí?

Si mis brazos se alargasen tanto como mi martirio, atravesando montañas, podrían alcanzar, la dicha.

¡Nada!... Inútiles los esfuerzos de mi mente por elevarse a los espacios. ¡Nada logra estrangular la voz del corazón!

XXXVIII

Desearía sentirme bajo el sol, como una cosa pequeña que no sufriera el dolor de pensar, que perfumara de suavidad.

Quisiera esparcirme en las plantas y en las flores, como los colores, como el aroma; y morirme en las corolas mezclada a las partículas de polen para dar alimento a las abejas que fueran a extraer el néctar.

Quisiera, como un murciélago nocturno, plegar las alas y quedarme dormida hasta olvidar que tengo alma.

Quisiera… Tanto quisiera yo, que nada tengo…

XXXIX

Caminaba sin rumbo, abismada en la monotonía de la tarde, sin oír otro ruido que el de mis pasos.

Iba sola, por no sé qué calle, de no sé qué país.

De pronto un claror violeta iluminó el gris nostálgico de mis pensamientos; miré, y una puerta de iglesia me brindó la sonrisa pálida de sus *vitreaux* sentimentales.

Recuerdo trágico cruzó mi mente, y sintiéndome estremecer de amargura, penetré en el recinto de los fieles.

Un secreto temor me hizo doblar las rodillas ante la figura de un Cristo que parecía sonreírme con piedad. Estuve allí largo rato, largo, viviendo del pasado, resucitando todo lo que reposaba como muerto dentro de mi alma.

Recordé la paz de un monasterio que fue albergue santo en una época de indecible amargura.

¡Cuán profunda pena destiló mi corazón en el regazo de una madre angelical que me arrulló como a un niño!

Cecilia se llamaba, y era su acento tan tierno para hablarme, como el decir de plegarias.

Y yo estaba sola, no tenía a nadie sino a ella.

Estaba sola, sumergida en un frío de tumba mi corazón; mi cabeza desfallecida de dolor, mis brazos tendidos. Buscaba un alma; un alma, que me tuviera compasión.

Si fuera dable expresar en palabras la angustia, la negra y repugnante desolación de mi pena.

Todo pasó como pasa el vendaval arrasando los campos; pero quedó en mi corazón el recuerdo tiernísimo de gratitud por esa mujer dedicada al servicio de Cristo que fue para mí una madre, la más sublime de caridad.

Largo rato estuve a los pies de ese Cristo pálido; bajo la caricia de los *vitreaux* sentimentales.

¡Recordé!...

¿Acaso la vida no es un eterno recordar de tristezas?

XL

Busco unos labios que sean fuente de olvido; busco unos ojos que descorran los velos azules de los espacios y me muestren la verdadera causa de la vida.

Busco unos brazos que al estrecharme, formen en mi cuello una guirnalda de flores increadas: flores que exhalen perfumes cálidos y anestesien.

¡Te busco, Anuarí!

Para mí no hay más hermosura que esa que tú me traes.

El aire que tú desplazas a tu paso, lo quiero para que lleve a mi respiración algo de ti.

En esa luz, donde tú tomas la luz, allí quisiera morar, aunque para ello tuviera que volverme gota de agua o átomo invisible.

Anuarí, tú que encarnas sólo en ojos todo lo que yo soñé, todo lo que yo hubiera podido amar.

En el corazón de la noche me daré a ti, con la beatitud que un artista se entrega a su obra, y con el entusiasmo agradecido con que aquella se entregaría a quien la creara.

Nadie interrumpirá nuestras divinas nupcias; las celebraremos en ausencia de la vida, cuando nada nos muestre que existimos en otros, cuando ya, poseyéndonos enteramente, yo me crea como tú: espíritu y Dios.

Anuarí, en ese momento se besarán todos los astros, y se deshojarán las más albas flores.

XLI

Oigo risas de niños. Siento pasitos de seda correr por la alfombra…

Todo es ilusión; no encuentro en parte alguna la dicha.

¡Profundidad, profundidad! ¡Ahógate, espíritu en las profundidas! ¡Corazón! ¡aprende a vivir; no te conmuevas!

¡Corazón! ¡Qué enorme es el precio de tus grandezas! Pides el ser.

Sólo en el dolor puedo saciar mi sed de infinito.

¡Dolor! Me torturas, pero sin ti no podría vivir; se helaría mi pensamiento, como piedra petrificada.

Oigo llantos de niño.

Todo es ilusión…

XLII

Si enmudeciera el globo terrestre y dejara de rodar por los espacios, la fuerza de mi dolor lo haría reanimarse, como se reanimaría el lago muerto, si desembocara en él un río.

XLIII

El hada maléfica de las aguas ha salido a recrearse sobre la superficie del mar. Es una bacante loca hecha de opalinos fuegos chinescos y danza sobre las ondas, como la luz.

Sus cabellos larguísimos se despliegan en filamentos metálicos y ondulan al viento, quebrándose en mil colores fantásticos.

Con sus ojos profundos de esmeralda no tallada, el hada hipnotiza a los horizontes, los disminuye, los pulveriza.

Baila, baila infatigable; sus carcajadas se refugian en las rocas, produciendo más armonía que el ruido de las olas.

La túnica que cubre sus miembros helados con argentadas escamas, queda sobre las ondas en dulce vaivén de resto náufrago.

Mientras la marea crece sorbida por la luna, el hada enloquecida aumenta la danza, y son ya convulsiones espasmódicas las contorsiones de su cuerpo, que se pierden en el cielo, como iluminaciones veladas.

Pasa un meteoro azotando la bóveda con su cola radiante; el hada espantada se sumerge en las profundidades del océano.

En el sitio donde desaparecieron sus larguísimos cabellos, asoma un pulpo aprisionando en sus tentáculos la enfermedad de mi espíritu, un mal extraño, un extrañísimo mal de amores.

XLIV

¡Anuarí! ¡Mágico espíritu de mi vida!

Anuarí, dulzura ignota que te has dado a mí en un rasgo de generosidad que te agradeceré de hinojos.

Anuarí ¿por qué eres cruel? ¿No ves, acaso, mi martirio?

He espiado en los espejos tu llegada, y he atisbado tu figura en los rayos velados de la lámpara. No llegaste, y mi agitación ha terminado en un desfallecimiento que me ha hecho caer de bruces sobre el lecho y abrazarme gimiendo a las almohadas.

Anuarí, ¿no ves que yo encuentro en tus ojos mi perdida dicha?

¿Sabes que he despreciado a todos los hombres para darme sólo a ti, espíritu purísimo?

Anuarí, me aterroriza pensar que algún día no vendrás más; que quedaré a ciegas con mis brazos tendidos, esperándote en un desgarramiento del alma, ya sin fin…

¡Anuarí, Anuarí!

Quédate en mí.

Seré más fiel que tu sombra, y más buena que la madre que ha dado a luz.

XLV

Retrato; déjame arrodillarme ante ti y recitar mi oración de recuerdo y de amor.

Deja que mi ternura suba al cielo, erecta como la nube perfumada de un incensario.

Retrato, diluye tu mirada en mí, como cascada fresca en un prado desolado.

Cobra vida, retrato, y extiéndeme los brazos para arrojarme en ellos.

Háblame, retrato, con la voz musical de clarín que tenía ella, y dime al oído cosas arrobadoras de sentimiento.

Retrato, por la magia del amor conviértete un instante en ser, y ven a recostarte sobre mi corazón.

No hay mayor verdad que en la mentira.

XLVI

Grieg ha resucitado bajo la caricia de unos dedos afilados.

El piano ha libertado de su caja una bandada de pájaros medrosos, que han ido a estrellarse en los cuadrados de las ventanas.

La alfombra se ha cubierto de flores enfermas, sembradas por una mano moribunda de venas muy azules; y alguien, que presiento y que no veo, va despidiéndose lentamente de la vida.

Se han esfumado en los espejos todas las almas que vivieron de amor, y en el atardecer reza llorando una mujer.

Sus lágrimas se trizan, una a una, cayendo en una copa de cristal.

Tañe la campana del Ángelus desparramando por el mundo intenciones buenas; y el fantasma de los abismos celestes delira de éxtasis.

XLVII

Insondables, sombríos misterios de los crepúsculos pálidos que resucitan en el alma lo que ha sido, y dan nostalgias por lo que no ha existido.

Hora donde ahonda la belleza de la pena, hora que fascina como los ojos de un mago.

El crepúsculo es el milagro del día, es un prólogo de cosas que se insinúan y flotan en vaguedades por la imaginación del mundo.

Adoro los tonos violetas y las atornasoladas luces de la tarde, porque visten a la tierra de una languidez enferma de intensidad.

Un corazón torturado se aviene con los caprichos tristes del sol que agoniza.

XLVIII

Sombras furtivas que entran por las cerradas persianas, han decorado mi techo con el capricho de un artista.

Es una ciudad pigmea que tiene por único habitante a una frágil araña con patas de alfiler.

El humo de los palillos de sándalo, que arden en un rincón, finge formas de esbeltas bailarinas que se alargan azuladas hasta cortarse como elásticos.

Una máscara china se muere de risa contra el ropero.

Cuchichean los retratos espantados de tan inmotivada hilaridad, cuidando de no ser oídos por el sombrero que se retuerce sobre el sillón como cabeza recién cortada.

Bostezan los cajones de la cómoda, mostrando la blancura de las camisas y sacando la lengua rosa de las cintas, mientras la perilla del lecho, sostiene bronceada polémica con un par de zapatos que protestan indignados de la ebriedad de sus tacos.

Un guante hace extrañas musarañas contra la pared; tiene el mismo crispamiento de los agonizantes sobre las mortuorias sábanas.

La ciudad de mi techo se ha obscurecido, y la temblorosa araña ha ido a esconderse entre sus hilos que cuelgan como hamaca de una a otra cornisa.

Todos los héroes de novela que vagaban confundidos por la sombra, han vuelto a los estantes buscando las páginas de sus libros, como vuelven las ánimas al cementerio cuando apunta el día.

En la cabeza de la Nada se ha suicidado una idea.

XLIX

Mundo. Si a mis ojos no se les hubiera agotado el llanto, ellos se derramarían para conmoverte hasta formar una vertiente donde tú pudieras apagar tu sed inextinguible de crueldad.

Mundo, si pudiera hacerte comprender toda mi amargura, no vacilaría en partirme el corazón y tirarlo a tus pies.

Pero ya sé que la Piedad es una frase, como sé también que el Dolor es para ti una mentira.